Drei Hände

Der alte Mann und das Kind
oder Das große, kleine Glück

Komm, reich mir deine Hand und ich nehme dich mit, führe dich durch die Nacht, die dir jetzt noch so dunkel erscheint.

Lass uns auf den Straßen des Vergessens gehen und den Schmerz am Wegesrand zurücklassen, dort, wo die Zeit vorbeikommen und ihn ins Nichts auflösen wird.

*****

Für die, die Hoffnung brauchen....

Liliana Lorenz

Drei Hände

Der alte Mann und das Kind oder Das große, kleine Glück

Bibliografische Information der Deutschen Nationalbibliothek:
Die Deutsche Nationalbibliothek verzeichnet diese Publikation in der Deutschen Nationalbibliografie; detaillierte bibliografische Daten sind im Internet über http://dnb.dnb.de abrufbar.

TWENTYSIX
Eine Marke der Books on Demand GmbH

© 2021 Liliane Lorenz

Herstellung und Verlag:
BoD – Books on Demand, Norderstedt

ISBN: 9783740783204

Coverdesign und Buchsatz: coverdesign-4you.com

Vorwort

Es war ein Jahr vor meinem fünfzigsten Geburtstag, als mich der erste Schlaganfall in Form einer Hirnblutung traf. Kaum zwei Monate danach erwischte es mich dann zum zweiten Mal. Hirninfarkt. Mit Hemiparese links sowie einer gelähmten Hand. Auch wenn es nur die Linke war, war man in seinem Tun doch sehr eingeschränkt. Doch ich wollte nicht aufgeben, wollte auch noch die vielen kleinen Dinge sehen, die das Leben für mich bereit hielt. Und während viele aufgaben, kämpfte ich. Erkämpfte mir die Beweglichkeit meiner Hand zurück, auch wenn sie niemals wieder ihre ganze Kraft zurückbekam. Ich kenne es, wenn man sich alt, krank und unnütz fühlt, doch das sind wir nicht.

Wenn wir mit offenen Augen durch das Leben gehen und wieder das Sehen lernen. Und manchmal ist es ein ganz junger Mensch, der einem viel Älterem die Augen öffnet. Und darum geht es in dieser kleinen Erzählung, die Mut machen und Hoffnung geben soll.

Weiter, einfach immer weiter...

Schwer senkt sich das Abendrot über die Stille, die mich im Herzen umgibt. Müde nehme ich auf der Bank Platz. Unbeweglich die Steine, die am Ufer liegen. Schwer wie mein Gemüt liegen sie dort. Nebeneinander wie meine Gedanken an Gewesenes.

In gleichmäßigen Wellen umspielt von der Gischt der Nordsee. Nicht stark genug, um sie zu vertreiben. Wie die Gedanken. Sie erdrücken mich. Wer bin ich? Wer war ich? Für was bin ich?

*****

Das Zwitschern der Möwen begleitet das Wasser auf seinem Weg. Der Schmerz meine Gedanken. Ich fühle mich nutzlos. Wie die Steine, die am Ufer liegen. Zu schwer, um sich zu bewegen. Für was liegen sie da? Für was bin ich da? Ich möchte weg. Weit weg, dort ganz hinten in den Schatten des Leuchtturms.

*****

Ich wäre zu schwach, um das Ruder zu bewegen. Ich schaue auf meine Hände. Gezeichnet vom Leben. Leben! Wo ist es geblieben? Diese Hände, geschaffen um zu Vollbringen. Meine Träume. Ich fühle mich am Ende. Aber meine Träume. Waren sie es denn? Wer bestimmt das? Das Schicksal? Wie das der Steine? Was, was könnte sie bewegen? Zu schwach die Gicht der Wellen. Wie lange liegen sie schon da ihrem Schicksal ergeben?

Ich beobachte die Möwen. Sie fliegen hoch und runter. Hin und her. Warum bricht nicht mal eine aus? Warum breche ich nicht aus? Von wo? Aus meiner Selbstaufgabe? Ich bin müde. Mein Körper ist müde. Ist es auch mein Geist? Nein!! Meine Erinnerungen.

Meine Ziele. Meine Träume. Einmal noch. Nur einmal noch einen Stein bewegen.

Wenn ich von der Bank aus auf die Steine schaue, erscheinen sie gar nicht so groß. Wäre doch gelacht, wenn ich nicht einen von ihnen bewegen könnte. Kurz bewegt sich was. In mir. Dieses alte, mir bekannte Gefühl. Willenskraft. Ich raffe mich auf.
*****
Immer näher komme ich dem Ufer. Was ist das? Je näher ich dem Ufer komme, um so größer erscheinen mir die Steine. Ich drehe um. Ich werde es nicht schaffen. Oder doch? Ich gehe wieder drei Schritte zurück Richtung Ufer. Schwer schlägt mein Herz. Und es ist nicht das Meer, das in meinen Ohren rauscht. Da vorne steht die Bank. Da könnte ich mich ausruhen. Ich will keine Ruhe! Ich drehe um. Stecke die Hände in die Taschen meines alten grauen Mantels und lasse mich auf der Bank nieder.

Das Gekreische der Möwen hört sich an, als lachten sie mich aus. Ich schreie die Möwen an. Nehme einen kleinen Stein, werfe ihn nach ihnen. Und schäme mich. Wie kann ich mir einbilden, stärker als das Wasser zu sein. Als das Meer, als die Natur. Die Natur. Ist es natürlich zu altern? Das der Körper altert? Ich bin nicht alt! Ich werde es beweisen!

****

Meine Gedanken gehen zurück zu dem Stein. Schwer liegt er am Ufer. Gewaltig schön. Gewaltig groß. Gewaltig schwer. Ich fühle mich klein. Ich will schaffen. Erschaffen. Und schaffe es nicht.

Ganz versunken in meiner eigenen Schwere setzt sich plötzlich ein Junge zu mir auf die Bank. Meine Augen sind vor Schmerz geschlossen. Ich will keine Störung. Er soll weg! Ich öffne die Augen. Schaue ihn böse an. Es scheint ihn nicht zu stören.

"Geht es dir nicht gut Onkel?", fragt er mich.

"Lass mich in Ruhe!" ,antworte ich unwirsch.

Ich möchte alleine sein in meinem Schmerz, meiner Wut.

Er rückt ein Stück weg. Beobachtet mich aber. Ich die Möwen. Sie lachen immer noch. Machen mich immer wütender.

"Hast du vielleicht Hunger, Onkel?"
Er zieht einen kleinen verschrumpelten Apfel aus seiner Hosentasche, reicht ihn mir, mit seinen schmutzigen kleinen Fingern. Ich schiebe die Hand unwillig zurück. Beneide die Jugend, die in diesem Bengel steckt.

"Warum schaust du so traurig, Onkel?".
Ich drehe mich zu ihm um. Wollte ihm sagen dass er verschwinden soll.

Dann sah ich seine Augen. Und die Träume, die sich in ihnen widerspiegelten. Ich senkte die Augen und Scham ließ mich erröten, als ich nach dem Apfel griff und es bemerkte. Dort, wo links sein Kinderärmchen seine einfache, viel zu dünne Jacke ausfüllte, war auf der rechten Seite gähnende Leere.
Ich ziehe mein Taschenmesser aus meiner Hosentasche, teile den Apfel und reiche ihm die andere Hälfte. Sein Grinsen erweicht mein Herz.

"Was treibt dich hier her?", frage ich ihn.

Sein kleiner Finger zeigt Richtung Ufer.

"Siehst du diesen schönen großen Stein dort unten am Ufer Onkel?".

Ohja, ich brauche gar nicht hin zu schauen. Nur zu gut kenne ich diesen Stein. Ich schaue ihn fragend an. Er versteht ohne Worte was ich fragen will.

"Ich probiere schon lange diesen Stein zu heben und in mein Wägelchen zu hieven."

"Für was brauchst du diesen Stein, mein Junge?"

Tränen füllten seine Augen. Er erzählte mir von seiner Großmutter, die immer schöne Steine geliebt hatte. Und wie er immer welche für sie gesammelt hat. Natürlich nur die ganz besonders Schönen.

"Auf ihrem Grab steht ein Holzkreuz Onkel. Mutter sagte, für einen Stein langt das Geld nicht. Ich vermisse sie sehr."

Seine Tränen hinterließen eine Schmutzspur auf seinem Gesicht. Ich griff nach meinem Taschentuch, sein Schmerz ließ mich einen Moment meinen eigenen vergessen.

"Ich möchte diesen Stein bemalen und meiner Großmutter auf ihr Grab legen. Er würde ihr gefallen, aber ich schaffe es nicht ihn aufzuheben."

Er schaute auf seinen leeren Jackenärmel, ich wandte den Blick ab.

"Hast du keinen Freund der dir helfen könnte, Junge?"

Traurig schaute er auf seinen nicht vorhandenen Arm. "Ich war mal ein guter Torwart Onkel. Seitdem das hier passierte, habe ich keine Freunde mehr."

Meine Hände verkrampften sich vor Wut. Warum ist das Leben so ungerecht?
Da nahm er plötzlich meine Hand. Ich zuckte automatisch zurück. Er ließ nicht los.

"Möchtest du nicht vielleicht mein Freund sein Onkel?Ich mag dich."

"Warum magst du mich?", fragte ich ihn verwundert, ich war nicht gerade nett zu ihm gewesen.

*****

"Weil ich es fühle, dass ich dich mag", kam die Antwort von ihm, mit der ich im ersten Moment gar nichts anzufangen vermochte. Außerdem sollte man mich nicht mögen. Ich mochte mich ja selber nicht. Diesen nutzlosen alten Mann, der mir aus dem Spiegel entgegen schaute. Diese Spiegelbild, das mir so unpassend erschien im Gegensatz was in meinem Geiste zu sehen war. Ich zögerte mit der Antwort. Auf der einen Seite tat er mir leid. Aber hatte ich nicht genug mit mir selber zu tun? Sehnsuchtsvoll schaute ich zu dem Stein. Einmal noch etwas bewegen können.

Er folgte meinem Blick. Stellte sich vor mir auf, als könnte er meine Gedanken lesen.

"Zusammen könnten wir es schaffen Onkel!"

Er zog an meinem Ärmel. Ich war müde. Er wurde es nicht, mich zu ermuntern.

"Wir könnten das schaffen!"

Ich schüttelte seine Hand ab.

"Schau uns an Junge, ein Alter und ein Krüppel. Ich würde es erst gar nicht über die vielen Steine am Ufer schaffen, um zu diesem großen zu gelangen, geschweige denn ihn aufzuheben."

Er ließ sich nicht einschüchtern. Überhörte den Krüppel, zog weiter an meinem Ärmel.

"Du könntest dich auf mich stützen Onkel."

"Danke", meinte ich unfreundlich. „Wenn ich was schaffen will, schaffe ich das alleine oder gar nicht."

Er schaute mich mit seinen großen Augen flehend an.

"Lass es uns wenigstens probieren, bitte."

Das Lachen der Möwen in meinen Ohren war nicht auszuhalten. Ebenso wenig wie der flehende Blick des Jungen.

Ich schaute zum Ufer. So weit der Weg. Voller Steine. Und ganz dort hinten der Größte, der Schönste.

Ich schaute hoch zu den Möwen und stützte mich auf den Arm des Jungen. Nun sah ich auch von weiten sein Wägelchen, das wartend vor dem großen Stein stand, um beladen zu werden

"Komm Onkel, komm. Kleine Schritte, ich stütze dich. Und zusammen werden wir den Stein heben."

Er war sich so sicher. Meiner sicher. Was ist, wenn ich ihn enttäuschen musste?

Wir gingen ein paar Schritte. Der alte Mann und das Kind. Einen Moment fasste ich Mut , als ich den festen Druck seines Armes spürte.

Ja, wir könnten es schaffen! Er hatte Recht. Schritt für Schritt gingen wir langsam über die Steine die zum Ufer führten. Ich rutschte aus. Fiel hin, er konnte mich nicht halten. Die Möwen lachten wieder. Ich lachte nicht. Ich war wütend. Ließ es das Kind spüren.

Der Junge suchte die Schuld bei sich. Und ich fand sie bei mir , als ich mich in seinen traurigen Augen spiegelte. Ich hatte auf die Möwen geschaut, nicht auf den Weg.

Er war traurig. Sagte, er wollte mir nicht weh tun. Und fragte, ob er lieber gehen sollte.
"Hilf mir auf Junge."
Er reichte mir seinen Arm und sagte nur: "Wir schaffen das!"

Vorsichtig gingen wir weiter. Ich bemerkte, wie er immer wieder zu mir hoch schaute. Ich streckte meinen Körper. Er seinen Arm. Jeder wollte für den anderen Stark sein und so erreichten wir das Ufer.

*****

Und dort lag er. Der größte, der schönste Stein. In meinen Augen, in seinen Augen. Wenn auch die Beweggründe verschieden waren, wir standen zusammen vor dem Ziel unserer Begierde. Hoffnung. Da standen wir nun. Abwartend.

Wie die Möwen die am Himmel kreisten. Ich hörte ihr Gelächter nicht mehr. Drei Hände packten nach dem Stein. Zwei alte Große, eine junge Kleine.
Er bewegte sich nicht.

"Ich schaffe es nicht Junge", sagte ich traurig.

"Einmal noch." , bat das Kind.

Wir zogen mit aller Kraft. Und fielen hart auf den Boden. Da hörte ich ein Lachen. Ich schaute zu den Möwen. Sie waren es nicht.

Es war mein Lachen! Mein Lachen, das in das des Jungen einstimmte.

„Warum lachst du Junge?", fragte ich ihn.

Er holte weit aus mit seinem Arm.

"Sieh dich doch mal um Onkel. Wie viele Steine hier herum liegen. Einer schöner wie der andere. Wir haben sie gar nicht gesehen, weil wir immer nur diesen einen großen im Auge hatten. Lass uns einige dieser kleineren, doch genauso hübsche Steine auf das Wägelchen legen. Auch aus vielen kleinen Steinen, lässt sich ein hübsches Mosaik legen."

Ich schaute mich um. Er hatte recht. Dieses Kind hatte recht! Warum sollten wir unsere Kraft für diesen einen Stein vergeuden, wo es soviel hübsche Kleinere gab.

Die sich zusammengesetzt zu einem schönen Bild legen ließen. Warum sollten wir unseren Mut von etwas zerstören lassen, was wir heute vielleicht nicht bewegen können, können wir doch viele andere Kleine Dinge zu einem Ganzen voller Harmonie setzen. Und uns daran erfreuen.
Er half mir auf.

"Wir haben es versucht Onkel…"
Ich nahm sein Gesicht in meine Hände und schaute ihn dankbar an.

"Ja, wir haben es versucht. Und ich habe mich wieder gefunden. Du hast mich geführt mein Junge. Hast mich gestützt obwohl ich dir zürnte. Du hast mit deinen Augen erkannt was ich nicht sehen wollte. Die Kleinen Dinge die wir bewegen können. Die uns neue Kraft geben können."

"Morgen ist ein neuer Tag", sagte er. "Der große Stein wird noch da sein. Und solange können wir uns an den kleinen erfreuen Onkel."

Wir packten sein Wägelchen voll. Ich schaute zu den Möwen.

Wie konnte ich nur denken, dass sie mich auslachten? Voller Harmonie empfand ich plötzlich ihr Gezwitscher im Abendrot. Ich bückte mich, nahm einen Stein und steckte ihn mir in die Manteltasche. Er sollte mich erinnern wenn ich die Möwen mal wieder lachen hörte.
*****
Später setzte ich mich noch eine Weile alleine auf die Bank. Sah den Jungen im Abendrot verschwinden. Höre das Geklapper der Holzräder auf dem unebenen Weg. Morgen würde er wiederkommen und mir glücklich von dem Mosaik erzählen, das er seiner Großmutter auf ihr Grab gelegt hatte. Von den Steinen, die ich mit ihm sammelte. Die er mir zeigte. Zu denen er mich führte.

Vielleicht werde ich morgen mit ihm auf den Fußballplatz gehen. Den anderen zeigen, dass er nicht alleine ist. Ich könnte ihm eine Prothese bauen.

Blühten eigentlich schon meine Apfelbäume im Garten? Er mag Äpfel.

Ich mache mich langsam auf den Weg nach Hause. Sehe, dass die Osterglocken sprießen.

Wo hatte ich vorher nur meine Augen gehabt? Ich denke, sie könnten Freunde werden. Der alte Mann und das Kind. Ich spürte den kleinen Stein in meiner Manteltasche. Ja, morgen ist ein neuer Tag.

Und ich freute mich auf ihn.

Ende

Hier können sie dem Beschenkten eigene

Worte und Wünsche hinterlassen.